DISCOURS DE RÉCEPTION

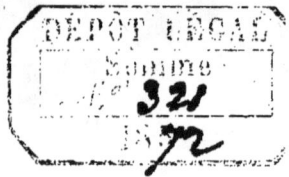

ACADÉMIE D'AMIENS

DISCOURS

DE

RÉCEPTION

DE

M. DE PUYRAIMOND

(Séance du 26 Avril 1872).

AMIENS

TYPOGRAPHIE DE H. YVERT.

1872

DISCOURS DE RÉCEPTION

MESSIEURS,

Mes premiers mots, en prenant place au milieu de
vous, seront pour vous remercier de l'honneur que
vous me faites en m'admettant au nombre des mem-
bres de l'Académie d'Amiens.

Le seul titre que je puisse invoquer pour mériter
vos bienveillants suffrages, est celui d'avoir beaucoup voyagé, et quelque peu étudié les différents
pays où ma carrière m'a successivement conduit.
J'ai pu vivre au milieu des contrées les plus différentes aussi bien par la constitution physique du pays
que par les mœurs et les coutumes des habitants,
depuis les sauvages primitifs tels qu'on les rencontre
encore dans quelques îles de l'Océanie et dans l'intérieur du continent africain, jusqu'aux habitants de

l'empire du Milieu dont la civilisation, déjà très-grande au commencement de l'ère chrétienne, est actuellement en pleine décadence. Dans chaque pays des coutumes, des mœurs et des caractères divers frappent l'esprit du voyageur et intéressent sa curiosité ; mais une des parties du monde les plus remarquables est certainement l'Océanie dont les diverses îles sont peuplées d'une race tantôt farouche et antropophage, comme dans la Nouvelle-Calédonie et les îles Viti, tantôt douce et hospitalière comme dans l'archipel de la société dont Taïti, l'île principale est appelée à juste titre, la reine de l'Océanie.

Quand on arrive de la mer, l'aspect de Taïti est enchanteur. Le centre de l'île est formé de hautes montagnes boisées, couvertes de végétation jusqu'à leur sommet ; elles descendent en pentes rapides jusqu'au bord de la mer, dont elles sont séparées par une zône de terrain plat couvert des plus riches productions des tropiques. De nombreux ruisseaux coulent le long des flancs des montagnes, tantôt dans un lit paisible, tantôt bondissant en cascades. Un récif de corail, sur lequel les flots de l'Océan pacifique viennent se briser, semble entourer l'île d'une ceinture d'argent ; ce récif s'écarte à certains endroits du rivage à une distance assez grande pour permettre aux navires de trouver un mouillage entre lui et la terre ; il est percé de nombreuses coupures formant des passes qui donnent entrée dans les ports ainsi formés, qui entourent l'île. Cette muraille de

corail à pic, du côté de la mer, offre un obstacle in-
surmontable aux plus grandes fureurs de l'Océan,
et pendant qu'à quelques centaines de mètres, les
flots se brisent impuissants, les navires flottent en
sûreté au milieu d'une eau calme et tranquille.

La forme de Taïti est celle d'un 8 incliné du
Nord-Ouest au Sud-Est; elle se compose de deux îles,
l'île principale appelée spécialement Taïti, et la
presqu'île de Taïrabu, réunie par l'isthme peu élevé
de Taravao, qu'une route bordée d'arbres traverse
dans toute sa longueur ; un chemin qui longe le bord
de la mer, ne s'en écartant qu'en de rares endroits,
fait le tour entier de l'île ; de nombreux ruisseaux
coupent cette route plantée, dans tout son parcours,
d'orangers et de cocotiers dont le vert feuillage se
réfléchit dans la mer transparente des tropiques. Les
deux montagnes principales sont l'Orohena qui atteint une hauteur de 2,236 mètres et le Diadème,
véritable couronne de rochers de la reine de
l'Océanie.

Les Taïtiens n'habitent jamais loin du bord de la
mer, rarement leurs cases montent aux flancs des
montagnes ; les habitations sont jetées çà et là sous
les ombrages des arbres et près des ruisseaux. La
température moyenne de l'île est de 28° degrés cen-
tigrades, et la chaleur est tempérée par la brise de
mer, qui s'élève régulièrement vers le milieu de la
journée. Aucun animal nuisible n'existe dans l'île ;
on n'a à craindre ni scorpions, ni serpents, ni ani-

maux sauvages; aucune maladie n'exerce périodi-
ment ses ravages dans ce pays fortuné qui, plus heureux
que les Antilles et l'Inde, ne voit jamais sa popula-
tiou décimée par les terribles épidémies qui sévissent
dans presque toutes les contrées tropicales.

Les arbres fruitiers croissent naturellement. On
rencontre à chaque pas l'arbre à pain ou Mayore,
aussi grand que les plus beaux chênes de nos climats,
dont le fruit donne une pâte farineuse, nourriture
habituelle des indigènes ; le cocotier dont la noix
contient, quand elle est fraîche, un liquide savoureux
qui sert de boisson, ou produit, quand elle a vieilli,
une huile qui est un des principaux objets de commerce du pays ; plusieurs espèces de bananiers, depuis le bananier sauvage ou Fei, qui pousse dans
les montagnes et dont le fruit se mange cuit, jusqu'aux meilleures espèces que l'on rencontre au
Brésil ; l'evitier, arbre magnifique, dont le fruit déli-
cieux semblable à une pomme, a un peu le goût de
térébenthine , le papaier, l'oranger, le citronnier
et le goyavier.

Ces trois derniers arbres ne sont pas originaires
de Taïti, et ont été importés par les Européens.
Les orangers et les citronniers produisent des fruits
nombreux et excellents, dont une grande partie est
expédiée chaque année en Amérique ; quant aux
goyaviers, il a trouvé un sol tellement propice à sa
végétation, que l'île entière en est couverte ; vainement défriche-t-on les endroits où il a pris racine,

il reparaît toujours et envahirait complètement le sol si les insulaires ne lui faisaient une guerre acharnée ; ses fruits sont sans aucune valeur et servent de nourriture aux chiens et aux cochons, qui, avec les poules, sont les seuls animaux domestiques originaires de Taïti. Depuis leur établissement, les Européens ont esayé d'acclimater des animaux des espèces bovine et chevaline, mais les résultats obtenus sont presque négatifs.

Les côtes sont très-poissonneuses, le fond de la mer fourmille des coquilles les plus variées ; les oiseaux et les insectes sont en petit nombre.

Les cases des insulaires sont de forme rectangulaire, terminées à chaque extrémité par une demi-circonférence, les cloisons sont en bambous ou en bâtons de Bouaro, placés de façon à laisser entre chacun d'eux un léger intervalle ; le toit est couvert en feuilles de pandanus. Une couche d'herbe odoriférante est répandue sur le sol, des nattes étendues servent de lit ; quelquefois un lit européen entouré d'une étoffe légère et transparente destinée à préserver les dormeurs des visites importunes des moustiques et quelques coffres en bois de camphre qui contiennent leurs vêtements, complètent le mobilier de l'habitation. Des rosiers et des tiares, fleurs blanches qui ont le parfum du jasmin, entourent les cases.

Papeete est la capitale de l'île ; c'est là que résident la reine Pomaré et le gouvernement français.

Le rivage de la rade de Papeete a une forme demi circulaire, s'étendant depuis la batterie de l'Uranie placée à l'extrémité ouest jusqu'à la pointe de Fare-Ute, où se trouvent les cales de halage, les chantiers de construction et de réparation et les magasins de la marine ; au milieu de la ceinture de récifs, qui sépare le port de la haute mer, s'élève le petit îlot de Motu-Uta, couvert de végétation, qui semble un oasis au milieu des eaux.

La ville est bâtie sur le bord de la mer ; des quais reçoivent les navires, et au centre une aiguade permet aux canots d'embarquer directement l'eau nécessaire aux bâtiments qui sont sur la rade. Les quais sont plantés de cocotiers et d'orangers, les maisons sont en bois, peintes de couleurs variées et entourées de jardins ; plusieurs rues perpendiculaires montent vers l'intérieur et viennent aboutir à l'enceinte fortifiée qui entoure la ville ; une grande rue parallèle à la mer court à environ cent mètres de la rive. Les maisons bâties sur le quai, dont quelques-unes ont des étages, sont habitées par les négociants européens ; sur la grande rue se trouvent le gouvernement, les casernes, hôpitaux et autres bâtiments servant aux divers services administratifs de la colonie.

Le palais de la reine Pomaré, dont les états comprennent toutes les îles de l'archipel de la Société, et de l'archipel Pomotu, est une grande maison en bois, ornée d'une verandah sur le devant de l'habitation ;

l'autorité de la reine sur ses états est plutôt nomi-
nale qu'effective.

La beauté de la race Taïtienne mérite encore aujourd'hui qu'on en fasse la description qu'en
donnaient les premiers navigateurs.

Taïti et les îles voisines de la Société offrent les
plus beaux individus de la race océanienne ; la
nature semble s'y livrer dans la formàtion des
hommes, à cette profusion et à cette variété que
l'on observe parmi les végétaux. Le bas peuple livré
aux travaux fatigants de l'agriculture et de la pêche,
quoiqu'un peu dégénéré, conserve cependant toujours des restes du prototype originel, qui se montre
dans toute sa perfection parmi les chefs et les insulaires d'un rang distingué. Leur peau est moins
basanée que celle d'un Espagnol, et n'est pas aussi
jaune que celle d'un Américain ; elle est d'une
nuance plus légère que le teint le plus blanc d'un
habitant des Indes orientales ; en un mot, c'est un
blanc mêlé d'un jaune brunâtre, mais la teinte n'est
pas assez forte pour que sur la joue la plus blanche
de leurs femmes, on ne distingue aisément les pro-
grès de la rougeur. On aperçoit ensuite toutes les
nuances intermédiaires jusqu'au brun vif. Leurs
cheveux sont noirs et forts ; ils flottent naturellement en boucles charmantes, et l'huile parfumée de
coco qu'on y répand, les rend très-luisants. Ils ont
les traits du visage réguliers, doux et agréables ; le
nez est un peu large en dessous. La physionomie des

femmes est ouverte et gaie et leurs yeux sont pleins, vifs, et étincelants ; elles ont le visage plus rond qu'oval, les traits d'une symétrie extraordinaire et embellis par un sourire qu'il est impossible de décrire. Le corps au-dessus de la ceinture est bien proportionné, les contours ont un charme et une grâce inexprimables , les pieds sont un peu larges et ils s'écartent des proportions du reste du corps. Les hommes sont de grande taille ; on en voit de près de six pieds ; les femmes sont généralement d'assez petite taille.

Les Taïtiens sont vifs et gais, leur caractère est franc et disposé à la bonté ; leur légèreté les empêche de prêter longtemps attention à la même chose, leur organisation, relâchée par un soleil ardent, produit une extrême indolence et une grande aversion pour le travail.

Les femmes de Taïti, ne sont pas comme dans les autres contrées primitives tyrannisées par les hommes; elles ne sont pas, comme les femmes arabes par exemple, astreintes aux travaux fatigants, pendant que le maître et seigneur se livre aux douceurs du repos le plus absolu. Leur beauté, leur imagination, leur douceur et leur désir de plaire assurent leur puissance sur les hommes ; la monogamie existe à Taïti ; les femmes mariées sont fidèles à moins que le mari ne les laisse libres de leur conduite ; les jeunes filles ont toute liberté et en usent, et l'indigène qui se marie ne s'occupe nullement de la conduite antérieure de la femme qu'il choisit. Elevées dans un milieu religieux et moral, les Taïtiennes joignent aux qualités naturelles à leur race les vertus domestiques, comme le prouve l'exemple de négociants européens mariés avec des femmes indigènes.

L'hospitalité se pratique là de façon la plus large. L'étranger qui frappe à la porte d'une case est reçu à bras ouverts par le maître de la maison, qui l'invite à passer la nuit sous son toit, et à partager son repas.

La nourriture des insulaires se compose de volailles, de cochon, de poisson, de bananes et de mayore ; la seule sauce qu'ils emploient, est l'eau de mer dans laquelle on pile quelquefois l'amande de la noix de coco. Pour cuire les aliments, on creuse un trou en terre dont on remplit le fond de gros cailloux unis, et on fait du feu avec du bois sec, des feuilles et des morceaux de noix de coco ; lorsque les pierres sont assez chaudes, on sépare les charbons et on retire les cendres. Les charbons sont couverts d'une couche de feuilles vertes sur lesquelles on place l'animal qu'on veut cuire, après l'avoir enveloppé de feuilles odoriférantes ; on met par dessus le reste des charbons et des pierres chaudes, des bananes et des fruits de l'arbre à pain, et le tout est recouvert de terre, afin d'y concentrer la chaleur. Au bout d'un temps suffisant pour que la cuisson soit opérée, on retire les aliments qui sont tendres et succulents, et au moins égaux pour la saveur aux meilleurs rôtis européens.

L'igname, la patate douce, le taro, espèce de betterave blanche qui se cultive dans les terrains humides, complètent la nourriture des indigènes; tous ces légumes poussent naturellement dans l'île ou y exigent des soins presque nuls.

La boisson est l'eau et le lait du fruit de cocotier.

Avant l'arrivée des Européens, les Taïtiens igno- raient l'ivresse; ils n'avaient aucune boisson eni- vrante, mais quand des rapports fréquents se furent établis entre les deux races, ils prirent goût aux liqueurs fortes, et ils fabriquent maintenant avec le jus d'orange une liqueur fermentée qui remplace les boissons alcooliques qu'ils ne peuvent pas toujours se procurer.

Les repas se prennent au dehors de l'habitation; les convives s'asseyent sur des nattes à l'ombre des arbres; les mets sont servis sur les larges feuilles du bananier; après le repas, femmes et hommes fument une cigarette faite avec du tabac indigène grillé légèrement et roulé dans une feuille de pan- danus préparée à cet usage.

Les Taïtiens s'habillaient anciennement avec des étoffes faites de diverses écorces d'arbres, teintes en différentes couleurs, mais surtout écarlates. Femmes et hommes s'enroulaient autour de la taille un mor- ceau d'étoffe long d'environ une brasse et descen- dant jusqu'à la cheville; un autre vêtement, ayant la forme du puncho des Chiliens, complétait leur habillement. Des coquillages ornaient les oreilles, et diverses parties du corps étaient tatouées de dessins d'une nuance noirâtre; ce tatouage ne s'appliquait que quand en devenait nubile. Aujourd'hui, les étoffes européennes remplacent les vêtements primitifs. Les deux sexes ont toujours le pareo; les hommes portent par dessus une chemise de couleur, les femmes mettent une tapa ou longue robe flottante, serrée au cou et descendant jusqu'à la cheville. Les tapas sont tantôt en indienne de diverses couleurs, tantôt en soie ou en étoffe légère brodée et garnie de volants; des fleurs sur la tête ou formant une couronne placée sur un chapeau de paille rond, des guirlandes de feuillage autour du corps complètent leur costume.

Le chant et la danse sont les amusements préférés. La danse indigène, qu'on appelle upaupa, a lieu de deux manières différentes. Dans la première, nommée upaupa tupai, un homme ou une femme chante un récitatif, pendant que l'assistance l'accompagne en frappant en mesure sur des objets sonores, généralement des morceaux de bois creux; à un certain moment le chanteur se met à danser, et l'entourage répète les paroles en continuant à frapper en cadence et accélérant la mesure jusqu'à ce que le danseur tombe épuisé. Dans la upanpa rima, les hommes et les femmes assis à terre ou à genoux chantent en faisant avec ensemble des gestes indi-

quant le sens des paroles; derrière ce premier cercle, d'autres personnes debout frappent dans leurs
mains en mesure et sautent d'un pied sur l'autre
en remuant vivement le corps, d'autres personnes
accompagnent le chant sur des espèces de tambours;
au centre du cercle se trouvent les danseurs et les
danseuses. Ces danses et ces chants rappellent les
événements importants de l'histoire de l'île, ou les
diverses actions de la vie ; les gestes et les mouve-
ments des danseurs sont gracieux, et leurs poses
pleines de naturel; les chants sont mélodieux. Le
soir, sous le feuillage des arbres, ces danses éclai-
rées par la lumière vacillante des torches, forment
un spectacle ravissant.

Les Taïtiens sont aujourd'hui convertis au protestantisme; leur religion primitive était le poly-
théisme. Ils reconnaissaient un être suprême qu'ils
appelaient Atua-Rahi, lequel dominait les autres
dieux. Cet être suprême était la première cause de
tous les êtres ; les dieux secondaires étaient les créa-
teurs de la lune, des étoiles, de la mer et des vents;
l'être suprême habitait le soleil, et il était repré-
senté sous l'image d'un homme. Chacune des îles de
l'Archipel, Morea, Huahine, Taha, Raiatea, Bora-
Bora, était sous la direction d'une divinité inférieure.
Ils croyaient, en outre, à l'existence d'un génie
cause, chez chaque être humain, des pensées et des
diverses sensations; ce génie ne mourait pas avec le
corps qu'il avait habité, et les morts allaient parta-

ger la demeure de l'être suprême. Ainsi, la croyance
d'une vie à venir et l'union de l'esprit et de la ma-
tière étaient répandues dans les îles de la Société,
et on voit que ce peuple en était arrivé, par sa
propre intelligence, à une hauteur de pensées bien
supérieures à celles de n'importe quel peuple primitif. Du reste, l'opinion suivante exprimée par un
des compagnons de voyage du capitaine Cook, n'est-
elle pas le plus bel éloge que l'on puisse faire des
habitants des îles de la Société.

« Il faut observer que ces peuples, par les simples
« sentiments de la conscience naturelle, ont une
« connaissance de l'équité et de l'injustice, et qu'ils
« se condamnent volontairement eux-mêmes, lors-
« qu'ils font aux autres ce qu'ils ne voudraient pas
« qu'on leur fît. »

Malheureusement une tache se trouve à ce tableau.
Là, comme dans tous les peuples, se rencontraient
des individus ne cherchant que le plaisir et la dé-
bauche ; ces individus se réunissaient en une société
appelée société des Areois, dont les statuts infâmes
disaient que les femmes étaient en commun et
qu'elles devaient détruire leurs enfants ; mais toutes
les relations indiquent que fort peu d'indigènes faisaient partie de cette association, et que le plus souvent les femmes devenant mères, gardaient leurs
enfants, ce qui entraînait leur exclusion de la
société.

Les corps des morts, couverts de riches étoffes,

étaient placés à l'abri d'un toit, sur une estrade élevée, et on n'enterrait les os dans un lieu voisin que
quand les cadavres étaient tombés en pourriture.

Des missionnaires gallicans s'établirent à Taïti à
la fin du siècle dernier, mais ils ne parvinrent à faire
des prosélytes que lorsque le roi Pomaré II, dans un
but politique, se convertit au protestantisme.
L'exemple du chef fut suivi par ses sujets, et tous
maintenant se rendent au temple, écouter la parole
du pasteur européen ou indigène.

Sous l'influence des missionnaires, le peuple
taïtien est arrivé à un résultat cherché par tous les
peuples européens, et qu'aucun d'eux n'a pu encore
obtenir; tous les insulaires sans exception, hommes
et femmes savent lire et écrire. Leur style est imagé
et poétique; le langage est doux et harmonieux. Les
mots se composent de voyelles juxta-posées ou séparées seulement par une consonne; afin de pouvoir
prononcer les noms européens, ils sont forcés de
leur donner une forme plus douce qui souvent les
défigure complétement.

L'organisation du pays ressemble beaucoup à
l'état féodal. La terre appartient aux ariis et raatiras
ou petits chefs; elle est possédée par le peuple, qui
est locataire, et qui paie pour tout fermage un tri-
but presque volontaire en nature. A la fin du
XVIIIᵉ siècle, l'île était divisée en districts indépen-
dants les uns des autres, gouvernés par des chefs
souvent en guerre entre eux. Les premiers naviga-

teurs qui ont exploré l'île parlent de flottes nombreuses qu'ils ont vu au mouillage, prêtes à partir en
expédition. En 1774, la guerre était déclarée entre
Taïti et Morea ; les flottes des deux districts réunis
au mouillage de Matawai s'élevaient à environ
150 pirogues de guerre et 70 petits bâtiments des-
tinés aux chefs, pour le plus grand district, celui
d'Attahourou, et à environ 40 pirogues de guerre
et 20 petites pour le plus petit district, celui de
Tettaha ; or, les grandes pirogues portaient une cin-
quantaine d'hommes et les petites une vingtaine,
de sorte que l'expédition comprenait environ
10,000 hommes, ce qui suppose, pour les deux districts, une population d'environ 30,000 âmes. Les
deux districts d'Attahourou et de Tettaha formant
à cette époque près du tiers de l'île, la population
de l'île entière aurait été alors de 80 à 90,000
âmes. La population actuelle est de 8 à 10,000 âmes.
Quand on compare ces deux chiffres, on est effrayé
de voir que, depuis un siècle que les Taïtiens sont
en contact avec les Européens, une pareille diminu-
tion dans leur nombre ait pu se produire.

Vers le commencement du XVIIIe siècle, le roi
Otou, à l'occasion de la naissance d'un fils, à qui la
coutume donnait la royauté, pour ne plus laisser au
père que le titre de régent, prend le nom de Pomaré,
qui veut dire nuit du rhume, en souvenir d'une expédition pendant laquelle, ayant passé une nuit dans
la montagne, il avait été atteint d'une forte bron-

chite. Pomaré commence. pendant son règne, à réunir toutes les îles de l'Archipel sous son autorité.

Son fils, Pomaré II, surnommé plus tard Pomaré-
le-Grand, veut continuer l'œuvre de son père, mais,
doué d'une bravoure médiocre, il n'obtient aucun
prestige sur les chefs ; ceux-ci l'abandonnent successivement, et un jour, il se trouve seul, forcé de
chercher un refuge à Huahine, puis à Morea.

Des missionnaires protestants étaient arrivés à
Taïti en 1797; leurs premiers efforts pour convertir
la population avaient été stériles ; ils s'étaient cependant établis à Matawaï, où ils étaient devenus
possesseurs d'assez nombreuses propriétés. Quinze
années s'étaient écoulées sans que les missionnaires
aient obtenu le moindre résultat, quand Pomaré II,
vaincu par la coalition de tous les ariis, se jette dans
leurs bras et devient leur plus zélé catéchumène.
L'exemple du roi amène de nombreuses conversions,
tous les mécontents se réunissent dans l'île de
Morea autour de Pomaré, qui se trouve bientôt assez
fort pour faire une descente à Taïti, où le sort des
armes lui est favorable ; il ressaisit son pouvoir, et,
avec l'appui des missionnaires, il parvient à réunir
tout l'archipel sous sa puissance.

Vers 1820, Pomaré II mourut, laissant deux enfants en bas âge; un fils qui fut proclamé roi sous
le nom de Pomaré III, et une fille, l'aînée des deux
enfants, nommée Aïmata. Pomaré III avait été élevé
par les missionnaires ; aussi, tout le temps de son

règne, ceux-ci furent les véritables maîtres de l'île.
Ils organisèrent une espèce de gouvernement repré-
sentatif qui existe encore aujourd'hui, et qui consiste
dans une assemblée qui se réunit tous les ans, pour
discuter les intérêts du pays; les décisions de l'assemblée sont soumises au gouverneur, et ne sont
exécutoires qu'après avoir reçu l'approbation de
celui-ci, qui peut toujours la refuser.

Ce fut sous le règne de Pomaré III que les jeux
nationaux, les danses et les chants furent défendus,
et que fut rendue une loi par laquelle tout habitant,
homme ou femme, convaincu d'immoralité ou
d'ivresse, était condamné à travailler aux routes qui
entourent l'île.

A la mort de Pomaré III, sa sœur Aïmata, la reine
actuelle, prit le pouvoir sous le nom de Pomaré
Vahine IV. Agée d'environ dix-huit ans, jolie,
jeune et capricieuse, tout chez elle indiquait qu'elle
suivrait la conduite légère de son aïeule, la belle
Hidia, femme de Pomaré I. Tout en se soumettant
aux pratiques extérieures de la religion protestante,
elle s'abandonna à tous les caprices de sa nature
ardente, et son esprit léger cédait tantôt à l'influence des chefs du pays, tantôt à celle des missionnaires. Dominée d'un côté par ces derniers, qui vou-
laient garder la puissance qu'ils avaient eue sous
Pomaré III, menacée de l'autre par la coalition des
chefs indigènes, ne sachant à quel parti s'arrêter, la
reine Pomaré se jeta dans les bras de la France, et

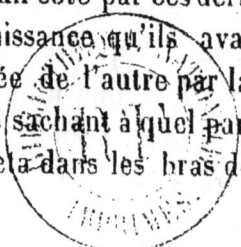

Taïti fut placée sous le protectorat français, par un acte du 9 septembre 1842. Par cette convention, le gouvernement français reconnaît la souveraineté de la reine, son autorité et celle des chefs sur la population; les réglements et les lois sont faits au nom de la reine et signés par elle, la possession des terres de la reine et du peuple leur est garantie; les disputes, relativement au droit de propriété des terres sont jugées par les tribunaux du pays; chacun est libre dans l'exercice de son culte et de sa croyance. Le gouvernement français prend la direction de toutes les affaires avec les gouvernements étrangers, il s'occupe de tout ce qui concerne les résidents étrangers, les réglements de port, et en général prend toute mesure qu'il juge utile pour conserver la bonne harmonie et la paix.

Cette convention était à peine signée, que, sous l'influence des missionnaires anglicans, trompés dans leurs espérances, des tiraillements se produisirent. Les chefs taïtiens s'insurgèrent, et les événements forcèrent l'amiral du Petit-Thouars à prendre possession de l'île. Cette mesure fut désavouée par le gouvernement français, qui ordonna de replacer l'île dans la position réglée par l'acte du 9 septembre 1842.

Cependant la guerre était déclarée entre les Français et les indigènes, guerre dans laquelle ces derniers montrèrent un grand courage, grâce auquel ils nous infligèrent quelques échecs assez sérieux, et qui ne se termina qu'en 1847 par la prise du plateau de Fatahua.

Au milieu de cette lutte sanglante, la reine Pomaré, sollicitée par tous les partis, retombée sous la domination des missionnaires qui étaient au désespoir de voir l'île échapper à l'Angleterre, regrettant de s'être donné des maîtres, se réfugia à Raiatea, d'où elle ne revint à Papeete qu'après la fin de la guerre.

Aujourd'hui Pomaré vit dans sa maison royale, entourée d'une cour composée des filles des principaux chefs de l'île. N'ayant pas eu d'enfants de son premier mari, elle l'a répudié et a épousé Ariifaite, un des plus beaux types de la race taïtienne, dont elle a eu sept enfants.

De taille au-dessus de la moyenne, assez grosse, d'une démarche gracieuse, le regard doux et mélancolique, elle conserve les traces de la beauté de sa jeunesse. On la rencontre souvent accompagnée de ses filles d'honneur, vêtue comme ses sujets, répondant avec affabilité aux saluts qu'on lui adresse. Elle pratique envers les étrangers une large hospitalité, et semble résignée au rôle effacé qui lui est laissé depuis que, sur sa demande, Taïti a été placée sous le protectorat français.

L'archipel des îles Pomotu, qui reconnaît l'autorité de la reine Pomaré, contient une soixantaine d'îles, et est située dans l'est de Taïti.

Les îles Pomotu sont des attôles ou îles de coraux;

leur forme est elliptique. Elles se composent d'une ceinture de corail entourant un lagon de profondeur variable, dans lequel se trouvent çà et là des pâtés de coraux. La ceinture a de 100 à 200 mètres de large; dans quelques parties, les lames de l'Océan, après s'être brisées contre le bord extérieur du récif, roulent leurs eaux jusqu'au lagon intérieur; à d'autres endroits, cette ceinture s'élève à quelques mètres au-dessus du niveau de la mer.

La partie élevée se compose de coraux brisés, de sables et de coquilles auxquels la vague, en roulant, vient ajouter de nouveaux débris; un peu de terre végétale permet à la végétation d'y pousser. Les bords des îles sont à pic du côté de la mer, les pointes s'avancent un peu dans l'Océan, entre chaque pointe, le banc de corail a une légère inflexion; les bords du lagon sont en pentes douces, couverts de sable fin.

Ces îles sont de dimensions très différentes; les plus grandes, situées au nord et au centre de l'archipel, ont jusqu'à 30 milles marins de long, sur 10 milles de large; les plus petites ont à peine 2 milles de diamètre. Dans quelques-unes la ceinture est percée de coupures qui permettent aux navires d'entrer dans le lagon intérieur; dans la plupart d'entre elles l'enceinte est continue, et le lagon ne communique avec la mer que par infiltration et par les lames qui passent par dessus le récif.

Les différences de marée sont faibles, elles attei-

gnent à peine 3 ou 4 pieds, mais le lagon devant se
remplir et se vider alternativement par les étroites
coupures qui le traversent, des courants violents
s'établissent dans les passes et y atteignent quelquefois une vitesse de 6 milles. Il est ausssi à signa-
ler que le navire saisi par le calme près du rivage
et mis dans l'impuissance de gouverner est rarement
jeté à la côte, les courants suivant le bord de l'île
et l'entraînant par conséquent parallèlement au
récif.

On voit, d'après cette description, que la partie
élevée n'occupe généralement pas toute la ceinture,
quoique ce fait se présente dans quelques-unes des
plus petites îles situées dans la partie sud de l'archipel ; le côté sous le vent n'est souvent qu'un récif
que la mer couvre en brisant, interrompu çà et là
par de petits îlots couverts de végétation. Vue de
loin, cette partie de l'île se présente comme une
ligne interrompue de bouquets de verdure, isolés
au milieu de l'Océan, le côté du vent formant toujours la partie la plus élevée de l'île, qui est généralement la seule habitée.

La vie des insulaires est peu fortunée, car l'archipel offre peu de ressources. Leur principal moyen
d'alimentation consiste dans la pêche. Les poissons
pullulent sur les côtes, et les habitants les font sé-
cher au soleil pour en faire des approvisionnements.
Des tortues de mer se rencontrent en grand nombre
près des îles inhabitées sur lesquelles elles vont faire

leur ponte pour ne pas être inquiétées par l'homme.

Sans le cocotier la vie serait presque impossible.
Les puits ne procurent que de l'eau saumâtre, le
lait de coco est la seule boisson potable. Outre la
boisson, cet arbre fournit aux indigènes les lignes,
les étoffes, l'huile, la charpente de leurs cases,
qu'ils couvrent avec des feuilles de pandanus, et
l'amande de son fruit germé comme nourriture. En
dehors du cocotier, on ne rencontre guère dans les
Pomotus que le pandanus, dont le fruit, dans les îles
habitées par les sauvages, sert de nourriture aux habitants; un arbre à petites feuilles, dont l'odeur,
semblable au parfum du jasmin, se répand jusqu'aux
navires qui passent à d'assez grandes distances sous
le vent, et deux ou trois autres espèces d'arbres.

Dans les îles désertes, le pandanus pousse avec
abondance; ses branches et ses feuilles épineuses
jonchent la terre en si grande quantité, qu'on peut
difficilement se frayer un passage, et si, par impru-
dence, le feu est mis à une broussaille, il s'étend
rapidement, échauffe les arbres vivants qui prennent
feu à leur tour, et la flamme ne s'éteint qu'après
avoir accompli dans l'île entière son action destruc-
tive.

On ne peut expliquer la végétation qui couvre les
Pomotus qu'en admettant que des graines jetées par
la mer sur le rivage y ont trouvé un sol favorable à
leur croissance, et que le séjour prolongé dans l'eau
salée n'avait pas détruit leur puissance de germi-
nation.

Comme à Taïti, les seuls animaux domestiques sont le chien, le cochon et quelques poules.

Quelques îles sont gouvernées par des chefs, qui reconnaissent l'autorité de la reine Pomaré, autorité tout à fait fictive. L'archipel entier a une population d'environ 5,000 âmes; les habitants des îles du Nord et du Centre ont d'assez fréquents rapports avec les Taïtiens et en ont les coutumes et les habitudes; leur commerce consiste dans l'exportation de l'huile de coco, de la nacre et des perles qui s'y trouvent en grande quantité. Mais à côté de cette population à demi civilisée, se trouvent, dans quelques-unes des îles du sud de l'archipel, des sauvages antropophages qui, jusqu'à ce jour, n'ont eu aucun contact avec les Européens.

La goëlette de l'État, l'*Hydrographe*, chargée en 1853, de faire l'hydrographie des Pomotus, est peut-être le seul navire qui ait eu l'occasion de les rencontrer. Pour remplir sa mission, le capitaine devait se rendre à terre dans chaque île, afin d'y faire des observations astronomiques. Lorsque le navire se présenta devant Vana-Vana, des sauvages armés de lances, de frondes et de javelots, et poussant des cris furieux, accoururent sur le rivage.

Un grain subit étant tombé à bord, l'*Hydrographe* fut forcé de faire route; les insulaires suivirent le bâtiment en courant, pendant que d'autres allumaient des feux, espérant ainsi l'attirer à la côte Le lendemain, le navire mit en panne devant l'île, et l'embarcation fut lancée à la mer. En voyant le canot s'approcher de la côte, les sauvages s'avancèrent brandissant leurs lances et leurs javelots. Le capitaine désirant éviter une collision, leur montre vainement des étoffes pour obtenir leur neutralité; ils ne répondent à ses avances qu'en entonnant le chant de guerre et en accablant le canot de nombreuses pierres lancées avec des frondes. Il ne restait plus qu'à se défendre; quelques coups de feu mettent les sauvages en fuite, et la descente dans l'île put enfin s'opérer.

Ces sauvages n'ont pour tout vêtement qu'une tresse de feuillage; leur peau est très-brune, et ils portent les cheveux ébouriffés et noués au-dessus de la tête; leurs cases sont petites, sales et grossièrement faites. Ils avaient de nombreux instruments de pêche; les hameçons étaient en nacre ou faits avec des arêtes de poissons, qui servent à confectionner presque tous leurs instruments de travail; quelques embarcations flottant sur le lagon pouvaient contenir une vingtaine de personnes. On trouva aussi dans l'île des écailles de tortue, des couteaux en nacre et des cordes faites avec des cheveux.

Aux îles Actæon, des épisodes analogues se renouvelèrent. Aussitôt que l'embarcation s'approcha du rivage, les sauvages, accompagnés de leurs femmes, commencèrent la danse de guerre en poussant des hurlements, puis ils s'avancèrent en courant trois par trois, en échelons, et se rangèrent en armes des deux côtés de la passe, ayant de l'eau jusqu'aux genoux. On essaya de les faire fuir en tirant un coup de fusil en l'air, mais aussitôt ils assaillirent l'équipage du canot à coups de pierres et de javelots, pendant que les femmes exécutaient avec frénésie une danse destinée à exciter le courage des combattants. Quelques coups de fusil les mirent en fuite.

Le cocotier n'existe pas sur les îles qu'habitent ces sauvages; leurs ressources alimentaires sont presque nulles, et la faim sévit souvent chez eux. Ils sont antropophages, continuellement en guerre avec les îles voisines, et les prisonniers de guerre servent à calmer l'appétit des vainqueurs.

Il est assez difficile d'expliquer la formation de ces îles.

Une première hypothèse admet qu'elles seraient établies sur des cratères sous-marins, la croissance des coraux étant d'autant plus vigoureuse, qu'ils sont plus exposés au flux et au reflux de la mer; ceux du bord extérieur s'élèvent les premiers et déterminent ainsi la structure circulaire du récif, ne dépassant jamais la hauteur de la basse mer, car il est à remarquer que la plus courte exposition à l'air sous les rayons du soleil suffit pour tuer les zoophytes; mais des sondages ont prouvé que les zoophytes ne peuvent vivre et construire au-dessous de 30 mètres de profondeur; il faudrait donc que les bancs de rochers qui servent de fondations aux travaux des polypiers se soient trouvés soulevés juste à 20 ou 30 mètres au-dessous de la surface des eaux pour permettre aux zoophytes de s'y établir, ce qui est inadmissible.

L'hypothèse la plus probable est qu'il y avait autrefois un continent qui s'est abaissé. En effet, tantôt les barrières de coraux s'étendent en droite ligne devant les rivages d'une grande île, tantôt elles en environnent de plus petites ; toutes sont séparées de la terre par un canal assez profond et analogue aux lagons de l'intérieur des attôles. La profondeur du canal varie de 10 à 30 brasses ; c'est le plus souvent en pente douce que le récif s'allonge sous le canal, rarement il s'y plonge verticalement ; à l'extérieur, comme dans les îles de coraux, le rivage monte à pic du fond de la mer.

On voit donc qu'il n'y a aucune différence entre une barrière de corail qui entoure une île et une attôle. Quand le terrain s'enfonce brusquement sous l'eau, les récifs s'éloignent à peine de la terre, et forment une espèce de bande distante de quelques pieds du rivage, comme dans certaines parties de Taïti ; si la plage descend sous l'eau en pente douce, le récif s'écarte et la sonde indique que la pente du fond se continue en dehors du récif, le corail ne s'établissant jamais à plus de 30 mètres au-dessous du niveau de la mer. A mesure que le terrain s'abaisse, les coraux vivants regagnent la surface, l'espace entre la ceinture et l'île s'agrandit, et le canal est plus ou moins profond, selon l'abaissement du sol et la croissance plus ou moins rapide des coraux de l'intérieur.

On voit ainsi comment la barrière de corail conserve la forme des rivages qui l'entourent, tout en s'en écartant à des distances variables. Il faut en outre remarquer que tous les habitants de ces îles sont de la même race, et que la langue de tous ces peuples a la même origine : par conséquent, on est fondé à supposer qu'il y avait autrefois un continent qui s'est enfoncé dans la mer; car cette hypothèse explique parfaitement les îles entourées d'une ceinture comme Taïti et les autres îles de l'archipel de la Société, ainsi que les attôles de l'archipel Pomotu.

' En effet, si on suppose un continent qui s'abaisse, on voit que les montagnes deviennent des îles entourées par une barrière de coraux, et que lorsqu'elles disparaissent, l'île devient un récif environnant un lagon, par suite du travail incessant des zoophytes, qui bâtissent d'abord sur le sol primitif et qui continuent ensuite leur travail sur les fragments des premiers coraux.

Amiens. — Imp. H. Yvert, rue des Trois-Cailloux, 64.

www.ingramcontent.com/pod-product-compliance
Lightning Source LLC
Chambersburg PA
CBHW060754280326
41934CB00010B/2484